WARTEN AUF GODEAU

HERMAN SEIDL

WARTEN AUF GODEAU

30 Jahre am Straßenrand der TOUR DE FRANCE

Mit einem Vorwort des Autors und
einem Text von Bernhard Flieher

DUMONT

FÜR SUSANNA UND EMILIA

AM STRASSENRAND DER TOUR DE FRANCE

In einem Zeitraum von dreißig Jahren bin ich fünfundzwanzigmal nach Frankreich gereist, um die Tour de France Cycliste zu fotografieren. Zweck dieser Reisen waren fotografische und journalistische Reportagen – zuerst für diverse deutschsprachige, dann aber auch für internationale Magazine. Ab Anfang der Nullerjahre fotografierte ich für ein professionelles Rennteam und für zwei Fotoagenturen in Italien und Österreich. Was mich besonders an dieser Arbeit gereizt hat? Die Millionen von Menschen unterschiedlicher Schichten und Altersklassen, die sich Jahr für Jahr im Juli entlang des Parcours zu enthusiastischen Teilnehmer:innen dieses »epischen Schauspiels« formieren. Ihr Habitus und ihre Inszenierung in den französischen Landschaften wurden zum Hauptgegenstand meiner ganz persönlichen fotografischen »Studie«.

1987 bin ich das erste Mal mit meinen Kameras nach Frankreich gefahren – meine Vorstellung der Tour de France beruhte auf Fotografien aus alten Magazinen und Büchern. Gleich bei meinem ersten Besuch stellte ich jedoch fest, dass die Tour mehr ist als eine der größten jährlich stattfindenden Sportveranstaltungen: Die Tour de France ist ein episches Schauspiel mit allem, was dazugehört: Glück, Freude, Spannung, Drama, Siege, Niederlagen, Kommerz. Kaum jemand kann sich diesem energetischen Spektakel entziehen. Ich war sofort ergriffen von dem immensen Enthusiasmus der Menschen am Rand der Straßen. Es ist vor allem die Energie der begeisterten Zuschauer:innen, die grenzenlose Leidenschaft des lokalen Publikums und der extra angereisten internationalen Fans, die die Faszination der Tour de France ausmachen.

Die Tour ist ein internationales Volksfest der Velomanie – ein Open-Air-Rockkonzert mit Zuschauern aus ganz vielen Nationen. Hier spürt man Europa. Die Welt!

Die euphorischen Zuschauermassen sind faszinierend. Doch nicht immer ist das Publikum wohlgesinnt; die unglaubliche Popularität der Tour de France nutzen Einheimische teilweise, um gegen ungerechte Steuern zu protestieren – da fliegen auch schon einmal Hunderte Nägel auf den heißen Asphalt. Mit dem Resultat, dass nicht nur die Rennfahrer, sondern vor allem die mitfahrenden Journalist:innen und Fotograf:innen mit Reifendefekten zu kämpfen haben. In meinem Fall waren es gleich drei Pneus. Der lokale Reifenhändler kam an seine Kapazitätsgrenze, als er für sechzig Fahrzeuge neue Reifen beschaffen musste!

Der humanistische Aspekt und die Neugierde auf das Leben sind die Triebfeder meiner fotografischen Arbeit. Am besten sind die Resultate, wenn noch eine Prise Skurrilität und Humor dabei ist. In der Vergangenheit haben berühmte Fotografen wie Henri Cartier-Bresson und Robert Capa gezeigt, dass es lohnender sein kann, die Kamera auf die Zuschauer:innen zu richten, anstatt sich auf das vermeintliche Hauptmotiv zu konzentrieren. Capas Bilder von der Tour de France 1939, die er im Auftrag der

Zeitschrift Paris Match machte, sind legendär. Eine weitere Inspiration war »Vive le Tour«, ein achtzehnminütiger Film von Louis Malle. Der französische Dokumentarfilmer hat die Tour 1962 begleitet. Die New York Times beschreibt den Film als »verehrungswürdige Dokumentation über einen Sport, die von einem Mann gemacht wurde, der ihn sehr gut kennt und liebt«.

Im Jahr 1903 – bei der ersten Tour de France – schätzte man die Anzahl der begeisterten Zuschauer:innen auf ca. 200.000. Heutzutage stehen Jahr für Jahr zwölf Millionen Menschen am Rand der Straße. Hundertfünfzig Millionen Menschen verfolgen die Tour an den Fernsehbildschirmen, im Internet und über Social Media. Doch nicht nur die Tour selbst hat sich zu einem weltweiten Spektakel entwickelt, sondern auch die Fotografie, die von einem analogen zum digitalen Medium wurde. In den 80er- und 90er-Jahren wurden die aktuellen Fotografien von den Agenturfotograf:innen noch jeden Tag in eigens dafür aufgebauten Dunkelkammern entwickelt und versandt. Alle anderen Fotograf:innen (vor allem die, die für Magazine arbeiteten) hatten etwas mehr Zeit: War man in der Nähe einer größeren Stadt, brachte man die belichteten Filme in ein professionelles Fotolabor; war es eilig, wurde das Hotelbadezimmer auch mal für eine Nacht in eine Dunkelkammer verwandelt. Insgesamt habe ich in diesen Jahren sieben unterschiedliche Kameras verwendet. Zu Beginn Kleinbild- und Mittelformatkameras, ab 2000 ausschließlich diverse Digitalkameras.

Doch nicht der extreme Sport selbst – mit all seinen Dramen und Geschichten, als ein die Gesellschaft spiegelnder Makrokosmos – begründet den Erfolg und die Faszination der Tour de France, sondern ihre Literarisierung und eine von Jahr zu Jahr perfektere Medialisierung. Und vor allem sichert dies ihr Überleben in der digitalisierten und hypertechnisierten Zeit.

Roland Barthes, der große französische Philosoph, bezeichnet die Tour als eines der mythologischen Systeme. Die Tour, so schreibt Barthes in seinem Aufsatz »Die Tour de France als Epos« von 1957, gleiche in ihrer Erzählstruktur antiken Heldensagen. Und aus dieser uralten Art und Weise, Geschichten zu erzählen und zu verweben, beziehe sie ihren unwiderstehlichen Reiz. Unverzichtbare Zutat des Epos ist laut Barthes, dass die Protagonisten nicht nur sich selbst verkörpern. Die Tour ist für ihn nicht bloß ein Rennen zwischen Sportlern, sondern ein ungewisser Konflikt zwischen gewissen Essenzen, die sich wie Atome streifen, sich verklammern, sich gegenseitig abstoßen. Aus diesem Spiel entsteht für ihn das Epos. Barthes schreibt weiter, wie in der Odyssee sei das Rennen zugleich Rundreise mit Prüfungen und eine vollständige Erforschung der irdischen Grenzen. Aufgrund ihrer Geografie ist die Tour in seinen Augen eine enzyklopädische Erfassung der menschlichen Räume.

Die Tour als Ereignis lebte sichtlich von dem Mythos, der sich seit 1903 um sie gebildet hatte – und das nicht nur in Frankreich. In den 90er-Jahren hat sich die Tour enorm erweitert, verändert, globalisiert. Für Insider war bald evident: Nicht jedes sportliche Ergebnis wurde mit sauberen Methoden erreicht. Das veränderte auch mein Interesse. Ich fand es zunehmend faszinierend und eigentümlich, dass Menschen stundenlang auf ein Ereignis warten – auf die rasenden Radrennfahrer mit ihren glitzernden Rennmaschinen. Auf das Gelbe Trikot mittendrin. Auf ein Ereignis, das in den meisten Fällen genau acht Sekunden dauert. Außer es findet in den Bergen statt.

Mein Blick, meine Aufmerksamkeit wandte sich dem zu, was die Tour de France vor allem ist: ein sich durch Frankreich schlängelndes karnevaleskes Schauspiel, das Landschaften, Dörfer, Städte, Berge und Straßen in Bruegel'sche Bilder verwandelt. Diese nur für wenige Stunden, oft nur für Minuten oder Sekunden existierenden Szenen faszinierten mich. Eine fotografische Erzählung dieser temporären Ausnahmesituation anzufertigen war nun mein Ziel. Über die Jahre entstand ein umfangreiches Konvolut an Fotografien. Die Serie umfasst mittlerweile mehrere Hundert Bilder aus drei Jahrzehnten, aus welchen ich für dieses Buch 73 Fotografien aus verschiedenen Jahren und Orten ausgewählt habe.

»Warten auf Godeau*. 30 Jahre am Straßenrand der Tour de France« ist ein Extrakt vieler persönlicher Blicke und Erlebnisse. Eine fotografische Reise durch Frankreich, seine wunderbaren Landschaften, seine Architektur, Ortschaften und Städte, befüllt und inszeniert von Menschen, die Teil dieser – meiner – jährlichen epischen Erzählung wurden.

Herman Seidl

*

»Warten auf Godeau« bezieht sich auf Samuel Becketts Freundschaft zu Roger Godeau, einem erfolgreichen französischen Radrennfahrer der 50er-Jahre. Besondere Bekanntheit erlangte Roger Godeau als mutmaßliches Vorbild für den Titelhelden des Theaterstücks »Warten auf Godot« von Samuel Beckett, in dessen Werken das Fahrrad eine besondere Rolle spielt. Es kursieren mehrere Versionen, wie es zu dieser literarischen Verewigung gekommen ist – von diesen ist allerdings keine verbürgt. In einer Variante soll Beckett bei einer Tour-de-France-Etappe am Straßenrand gestanden haben, und nachdem das Peloton vorbeigerauscht war, blieben die Zuschauer:innen stehen. Auf die Frage Becketts, worauf sie warten würden, antworteten sie: »Auf Godeau.«

CAFE BOUL
TROPICO
LE MOMENT CHOKY

Südfrankreich 1987

DIE ABWESENDEN

Noch, nichts. Das Herz schlägt noch ruhig, weil ein jedes Herz das so tut, wenn noch nichts passiert, auch wenn einem die Landschaft den Atem rauben kann, was den Puls dann wieder hochtreibt … Aber es passiert noch nichts. Warten zählt nämlich nicht, auch wenn es ein langer, schöner Zustand sein kann, wenn dieses Warten eine Erwartung ist. Noch bewegt sich der Puls im Ruhebereich. Noch wird gesessen, geplaudert, erinnert, es werden Flaggen und Transparente platziert, Gartensessel aufgestellt, und es wird Fachwissen diskutiert. Noch wird ein Baguette mit Camembert belegt, eine Flasche Wein geöffnet. Noch regiert die Abwesenheit, bestimmt das Warten das Tun – oder das Nichtstun. Das Warten ist nichts und es ist alles, was es gibt. Noch herrschen die Leere der Landschaft und die Ruhe der Straße. Niemand ist gekommen wegen der Leere und der Ruhe, doch alle erleben sie. Und so stehen sie – einzeln, in Gruppen, in Massen manchmal auch – wartend in der Leere. Sie kommen von weit und liefern sich aus, sind ausgeliefert und hineingeworfen in das, was die Natur ihnen an Schauplatz, an Zuschauplatz bietet. Dann liegt pralle Sonne über Almwiesen. Es tröpfelt über kleinen, geschmückten Dorfplätzen. Brücken bieten Aussichtspunkte. Auf Alpenpässen weitet sich der Blick; der Blick in ein Nichts, der Blick dorthin, wo aus dem Nichts alles kommen wird. Noch gibt es die Helden aber nicht. Noch gibt es nichts als Leute auf Felsen, auf Wiesen, in Schanigärten, auf lieblichen Dorfplätzen und in schäbiger Vorstadtarchitektur. Menschen am Rand.

Bald, aber. Jene, die sich in die Leere begeben, kennen die Richtung, aus der das Feld, in dem die Schlacht ausgetragen wird, auf sie zukommen wird, kennen die Richtung, aus der die Aufregung daherrauscht. Sie kennen den Weg, der nur eine Etappe bildet für das Rennen, diesen Weg, den die, die noch abwesend sind, befahren. Es gehört zu den außergewöhnlichen Umständen der Tour de France, dass das Feld des Rennens auf die zukommt, die gekommen sind, um nur zu schauen und zu warten, und die dann auch, mittendrin, jubeln und schreien. Bei der Tour de France bewegt sich, Jahr für Jahr auf anderem Terrain, die Zone des Kampfes auf jene zu, die warten. Und während sie warten, hören sie Radio, wissen, wie das Rennen steht – oder wollen es gar nicht wissen. Stunden, in denen die Helden abwesend sind. Lange schweift der Blick am Col du Galibier, am Tourmalet, am Glandon über beängstigend schöne Panoramen und zerschellt dann an schroffen Wänden. Auf dem Smartphone laufen Liveticker. Raum und Zeit. Die Tour de France bewegt sich gleich einem ewigen Epos, dem Jahr für Jahr drei Wochen lang ein neues Buch hinzugefügt wird. Wieder rund 3500 Kilometer. Wieder einundzwanzig Etappen Richtung Zukunft. Ein Epos, das seit über hundert Jahren immer da ist und doch jetzt – jetzt gleich ganz frisch, ganz im Moment, ganz gegenwärtig und für den Bruchteil einer großen ewigen Geschichte – hier, nur hier stattfindet. Doch bei der Tour de France ist niemals jemand als Erster da.

Gleich. Wer wird kommen? Wer wird das Feld führen, eine Attacke leiten? Wer lauert im Windschatten? Ein Hektor, seines Sieges sicher. Ein Achill, unerbittlich im Furor der Verfolgung. Ein Agamemnon, der in vermeintlicher Ruhe beobachtet und die Strategie bestimmt. Ein Odysseus, der sich tricksend durch alle Wellen bewegt. Keiner ist je der Erste, wo er ankommt. Auf dem Mont Ventoux nicht, auf der Avenue des Champs-Élysées nicht, nicht in einer Provinzstadt im Flachen, nicht im Meeresglitzern einer Küstenstadt, nicht hier, nicht irgendwo. Das Fahrerfeld ist ohne Zeit, oder eher außer jeder Zeit, überzeitlich gar. Wer hier fährt, fährt mit einem Bewusstsein für die Legende, die Saga, die große Geschichte, die alten Namen. Und das gilt auch für jene am Rand der Landstraße. Wer an der Strecke steht, bloß als Zuseher, bloß als Gast, und doch niemals unbeteiligt, ist auch nur ein Wimpernschlag in dieser Geschichte. Wer an der Strecke steht, wartet, trinkt, lernt Menschen von irgendwo kennen, die auch eine dieser verdammten Steigungen mit eigener Kraft hinauftraten. Und wer an dieser Strecke steht, wird nur nächster Darsteller des gleichen und doch stets aufregenden Bildes von der Tour de France, von deren Glanz und Qual, das von jeher in seinen Bann zieht. So wie die Menschen, die 1939 in Quimper vor dem Radladen von Pierre-Marie Cloarec warteten, als Robert Capa sie fotografierte und den Charakter des Rennens und die Flüchtigkeit des Ereignisses für die am Rand der Straße festhielt. Zuerst hinschauen, dann nachschauen, voll konzentriert für den einen Wimpernschlag, wenn die Abwesenden als Helden nahe kommen. Nichts ist wichtiger als die leidenschaftliche Hingabe in einem gegebenen Augenblick. So steht es im »Hagakure«, in dem der Weg des Samurai beschrieben wird. So steht es in den Gesichtern derer, die die Schlacht erwarten, um ihr nahe zu sein, um in ihr zu sein. Das Glimmen der Glut der Erwartung wird durch den Schweiß der Kämpfer angefacht (nicht gelöscht!), angefacht zu einem Feuer, das zu einem Sturm der Begeisterung wird. Das Leben bestehe aus dieser Glut, die immer wiederholt werde – so soll sich der Samurai das einprägen. Die, die am Rand der Landstraße stehen, wissen es. Sie richten ihr Leben, ihr Warten, ihr Ausharren auf die leidenschaftliche Hingabe aus.

Gleich, gleich. Das Herz schlägt noch ruhig, doch es spürt, dass es mit der Ruhe bald vorbei ist, dass der Geduld ein Ende beschieden ist. Doch noch erhöht sich der Pulsschlag nicht. Es sind Rotorblätter, die die Luft zerdeppern. Noch nichts zu sehen. Nur zu hören sind die Hubschrauber, die das Epos begleiten, ankündigen, dass etwas passieren wird, das die Landschaft verschwinden lässt, das den Blick verengt. Und wenn die Luft leicht zu vibrieren, dann heftig zu beben scheint, erhöht sich der Puls, wird die Hingabe spürbar.

Jetzt, gleich. Bewegung. Raunen. Es tauchen die Abwesenden auf. Zuerst als bunte, sich wiegende Massen. Schnell kommen sie näher. Langsam werden einzelne für die am Rand erkennbar. Die Abwesenden bekommen Namen, die mit Fahrstil und Trikotfarbe nachgewiesen werden können. Und wie sie daherkommen, geduckt und konzentriert, wie sie sich bergauf schinden, wie ihre Gesichter Furchen haben, wie sie die Menge teilen, die Menge, die den Rand der Straße verlassen hat, mitten auf die Fahrbahn drängelt, bloß einen schmalen Streifen Asphalt hergibt für die schmalen Körper der Helden, bloß einen schmalen Streifen hergeben will, damit das Jubeln und Anfeuern – so nahe, dass der Schweiß nicht nur zu riechen, sondern auch zu spüren ist – wahrhaftig ihre Hingabe beweist.

Jetzt, endlich. Es ist zu sehen, wie das Herz schlägt, weil sich dort, wo der Rand des Helms bei vielen Fahrern an die Stirn stößt, eine Ader hervordrängt. Kleinfingerdick. Nicht pulsierend, sondern in harten Schlägen donnernd. In diesem Moment, in diesem schnell verschwundenen Jetzt, ereignet sich das Epos nicht mehr als Erzählung, sondern als Reportage. Das Epos passiert dann nicht mehr als bloße Beobachtung, als Erwartung, über die vom Rand aus spekuliert und gefachsimpelt wird, als eine Heldensage, von der nur berichtet wird, sondern es *ist* der Moment, in dem die Wartenden als Figuren in das Epos eintreten, der Moment, in dem aus den stundenlang Abwesenden ein

Sog wird. Aus den geduldig Wartenden, wird eine bunte, fröhliche, hüpfende und rennende Welle. Egal wird, wie lange sie gewartet haben. In praller Sonne. Im Regen. Im Wind. Treue Wiederkehrer sind da, ebenso wie solche, die ein einmaliges Erlebnis suchen. Auf Plastiksesseln sitzend. Im Gras liegend neben ihren eigenen Rennrädern. Auf dem Bankett an ihre bloß schnell hingestellten Autos lässig angelehnt. In mondänen Wohnmobilen, mit Satellitenschüsseln auf den Dächern, ließen sich auch Radrennen vom Mars empfangen.

Dann, gleich. Nicht länger als sieben Atemzüge solle es dauern, bis man als Mensch eine Entscheidung getroffen habe, schrieb Tsunetomo Yamamoto vor gut dreihundert Jahren im »Hagakure«. Mehr als diese paar Atemzüge bleiben ohnehin nicht, wenn die Abwesenden endlich da sind, und dann schnell da gewesen sein werden. Nach dem Vorbeikeuchen bleibt nur der Blick in die Richtung, in die sie verschwinden, der Blick auf vor Schweiß glänzende, wie antike Skulpturen geformte Waden, der lange Blick, bei dem die Einzelnen wieder eine bunte, wiegende Masse aus Abwesenden werden. Und dann, sobald alles vorbeigerauscht ist, fängt das Warten wieder an, bis die Abwesenden zurückkehren, Jahr für Jahr für ein paar Atemzüge ganz nahe kommen. Bis wieder einer die Leere und Ruhe des Wartens ausfüllt und schreit: »Sie kommen. Da, da kommen sie!«

Bernhard Flieher

la
vraie
distribution
61, Rte de Nyons
à 300m
VALRÉASSIEN
CAFE
GUICHARD
PMU
BAR
PMU
MOTEL
FETE

S VINS
VACANCES
E.LECLERC
E.LECLERC
800 M
GOLD DE KANTERBRAU
CAFÉ de Paris
CAFÉ DE PARIS

BERNADECO
PUBLICITE

Lunel 1989

ALLO PARE BRISE
ALLO PARE
GLACES LATERALES
TOIT OUVRANT
ALARME
TATOUAGE ANTIVOL
COUPE SUR MESURE
AGREE ASSURANCES
MACIF
GLAS

 Rouen 2002

RISE
Rouen Squash
La forme en s'amusant
Rollers
Rouen Squash

 Col du Tourmalet 1990

OLOMBIA
ESGRANGE

CONSEIL GENERAL
DES
HAUTS DE SEINE
ANTENNE

LEADER PRICE
RÔTI DE PORC
LONGE SANS OS - ORIGINE FRANCE
PESSAC
4€30 LE KG
OUVERT 14 JUILLET de 9h à 13h
TOUJOURS LE MOINS CHER
L'ÉTÉ, LE SP
PREND PLUS DE
UNIVERS VIDEO
DISTRIBUTEUR AUTOMATIQUE DVD VIDEO
NOUVEAU

1430B
DECATHLON
STELLA ARTOIS
RAPIDO
LOTO

Col de Peyresourde 1993

33

LA CONSOLATION
33

Lons-le-Saunier 2004

HOTEL
Škoda

Cholet 2008

Bei Trémont 2005

 Angers 2004

 Mûr-de-Bretagne 2006

SOGEBRAS
Vittel
Vittel

GAVIAL
fabrication

 Col du Grand Saint-Bernard 2009

Gap-Jarjayes 2015

Alpe d’Huez 1988

Crédit Mutuel
BANCASSURANCE
LIVRAISON
GRATUITE
PIZZA 33

Pharmacie
Pharmacie
Santé
Herboristerie
30
PARKING
RESERVE AUX
CLIENTS DE LA
PHARMACIE

EOT

GARAGE

Saint-Gildas-des-Bois 2013

ANTIQUITES

2016
NBA FINALS

Col du Glandon 2016

Bei Marseillan 2012

Carrefour
SANTO TIRSO

Cap d'Agde 2009

C.C. TXIPIS
56
COTA
SALCEDO
SALCEDO
GO GO
GAD

Col du Tourmalet 2012

TREGOR IMMO
LE CALVEZ
PERROS - GUIREC
VELOLAND
LANNION
JM LOPEZ
Maisons Parlouer

THIS
IS
MARTELL
ŠKODA
FESTINA
NDON

HORLOGERIE
BIJOUTERIE
RIE
OUTERIE
D. Longer
Charcutier Traiteur
MONDIAL
TRAITEUR
ASIATIQUE
PLATS A
EMPORTER
CHAUSSURES

Elbeuf 2006

Noncourt-sur-le-Rongeant 2005

LE POLYVALENTE

COIFF' ELLE & LUI
Hommes - Femmes -Enfants
ULTRASON

 Plateau de Beille 2007

Aquarel
Aquarel
LA BECAIVE
RAPIDO
RAPIDO

 Col du Soudet 2006

Col d'Aubisque 2005

Euskal Herria

Col d'Aubisque 2007

 Luz Ardiden 1994

Coca-Cola

Col d'Aubisque 2005

Carrefour
Carrefour

Col du Tourmalet 2012

 La Mongie 2004

 Port de Balès 2010

OREGO
USC

Port de Balès 2010

 Castres 2007

LCL
LCL
LCL
LCL

Buvette officielle du T

 Brive-la-Gaillarde 2012

Heineken
PELFORTH
RESTAURANT
中國人
Adecco

Lipton
Ice Tea
ASEB PAYSAGES
Tél: 06 20 82 31 74
Fax: 02 96 42 70 66
Saltarelle

Saltarelle
SANS PLOMB 95

 Maure-de-Bretagne 2004

CHES
PRESSE
AMSTEL
BIERE
ouest
france
FRANCAISE
DES JEUX
CAVE
A
CIGARES
Jour «J»
pour les fans
du Tour
de France
LOTO
A chaque tirage,
gagnez
250 000 €
le Jackpot !
AMSTEL

Škoda
AIRNESS

Col du Galibier 2007

Champion
HC

Cime de la Bonette / Col de Restefond 2008

Dommartin-le-Franc 2005

Col de la Madeleine 2010

Morzine-Avoriaz 2010

Škoda

Saint-Michel-de-Maurienne 2005

 Col du Lautaret 2010

Col du Télégraphe 2005

Col de la Colombière 2008

Villard-de-Lans 2004

LE NAPOLI
RESTAURANT
fruits de mer
PIZZERIA
VENTE
REPARATION
DERBI
MOTOS 66
MOTU
Carrefour

RESTAU
NAPOLI

 Captieux 2002

Limoges 2004

ERIC
MALLET-GUY
gan
ASSURANCES
adidas
QUICK STEP

FRANK
SCHLECK
ANDY
LEOPARD

Col d'Aubisque 2011

Col de la Croix de Fer 2015

POLICE

POLICE

 Paris 2009 (Hommage an Martin Parr)

france
francetélévisions
3

CHATELET
Forum des Halles
Centre G. POMPIDOU
Škoda
Rabo's WE U

france 2

NOVOTEL

Dank ergeht an – meine Eltern, sie haben meine Velomanie, Ausbildung und mein Studium immer unterstützt; an Martha, Guiseppe Severi; Mario Gregorone, die Familien Doni und D'Andrea, insbesondere Mauro und Daniele. Die Familie Pascucci.

Dank ergeht an die Amaury Sport Organisation (A.S.O.) Paris, insbesondere an Claude Sudres, Philippe Sudres, John Lelange, Fabrice Tiano, Jean-Louis Pagès, Jean Marie Leblanc, Christian Prudhomme. Ein Dank geht an all die gastfreundlichen Menschen Frankreichs, die ich in diesen dreißig Jahren getroffen habe.

Dank an all jene Personen und Kolleg:innen, die mich in dreißig Jahren bei der Tour de France begleiteten und unterstützten: Martin Kaltner, Roberto Cagliero, Dario Pegoretti, Carlo de Pisis, Barbara Haberlander, Chris und Julie Fox, Rudolf und Kathy Sagmeister-Fox, Renate Kordon, Otto Kapfinger, Roberto und Luca Bettini, Ilario Biondi, Peter Witek, Hennes Roth, Graham Watson, Cor Vos, Wessel van Keuk, Marketa Navratilova, Thomas Steinmaurer, Sepp Neuhauser, Marion Kalter, Johannes Steidl, Robert Fleck, Dewi Lewis, Karl-Markus Gauß, David Steinbacher, Bernhard Flieher.

Ich danke der Fotoagentur GEPA Pictures, den Redaktionen von Pedal und Vélo. Dank ergeht insbesondere an folgende Unterstützer:innen aus dem Kulturbereich: die Kolleg:innen des FOTOHOF Salzburg und die Ausstellungskuratoren Heinz Kaiser, Rudolf Sagmeister, Roland und Richard Schütz, vor allem jedoch an den großartigen Zeichner, Cartoonisten und Mentor Günter Mayer, durch den dieses Buch erst möglich wurde.

Herman Seidl, geboren 1960 in Neumarkt/Steiermark, Österreich, ist seit 1985 freischaffender Fotograf und arbeitet für diverse Tageszeitungen, Magazine und Fotoagenturen in Europa. Von 1987 bis 2017 fotografierte er die Tour de France, die ihn als »größter Warteraum der Welt« seit Jahrzehnten fasziniert. Er lebt in Salzburg.
www.hermanseidl.com

Dieses Buch wurde klimaneutral produziert.

Klimaneutral
Druckprodukt
ClimatePartner.com/17531-2110-1001

Erste Auflage 2022

Verlagskoordination: Vera Maas
Lektorat: Kathrin Nick
Gestaltung: Birgit Haermeyer
Repro: PPP Pre Print Partner GmbH & Co. KG, Köln
Druck und Verarbeitung: Grafisches Centrum Cuno, Calbe

Printed in Germany

ISBN 978-3-8321-6914-5
www.dumont.buchverlag.de